AF226805

L 27n
22605

PRIX : 1 FRANC

NOTICE BIOGRAPHIQUE

SUR

GUSTAVE FROMENT

PAR

A. LAUSSEDAT

Cette Notice a été lue dans la séance du 3 juin 1865 de la Société
philomatique de Paris.

PARIS

J. HETZEL, EDITEUR

18, RUE JACOB

—

1865

NOTICE BIOGRAPHIQUE

GUSTAVE FROMENT

PARIS. — IMPRIMÉ CHEZ BONAVENTURE ET DUCESSOIS
55, QUAI DES AUGUSTINS.

GUSTAVE FROMENT

FROMENT (Paul-Gustave), né à Paris le 3 mars 1815, appartenait à une très-honorable famille originaire de Reims. Plusieurs de ses parents avaient exercé des professions qui tirent leurs principales ressources des arts mécaniques. Son grand-père était horloger, et son père avait inventé une machine à tondre le drap. Il est donc bien probable que Froment a pu, dès son enfance, voir et manier des mécaniques, dont le jeu aura éveillé son attention et excité sa curiosité. Est-ce là l'origine de cette passion irrésistible, comme il la qualifiait lui-même,

pour tous les appareils qui reçoivent ou communi-
quent le mouvement, et auxquels l'homme semble
avoir prêté une part de son intelligence ? On ne sau-
rait douter que les premiers objets qui frappent la
vue et l'esprit d'un enfant n'exercent souvent une
influence décisive sur la tournure de ses idées ;
mais pour que les résultats soient aussi saillants,
aussi extraordinaires que ceux dont j'ai à présenter
ici le tableau, il faut chez l'enfant une prédisposition
singulière, il lui faut une étincelle du feu sacré.

Froment était né mécanicien comme d'autres
sont nés poëtes, et sa vocation se fût réveillée, sans
aucun doute, à la première occasion. Un fait extrê-
mement frappant et bien connu de tous ceux qui
ont fréquenté l'habile artiste, c'est le besoin impé-
rieux dont il était possédé de se tenir au courant
de toutes les inventions qui touchaient à la mécanique. A peine avait-il entendu parler d'un nouveau
moteur, d'une disposition ingénieuse d'organes,
qu'aussitôt, et le plus souvent sans en attendre la
description détaillée, il se mettait à l'œuvre et réa-

lisait l'idée avec autant de soin, quelquefois avec plus de bonheur que l'inventeur lui-même. L'amour de l'art poussé à ce point est si rare que je ne sais si l'on trouverait à en citer un second exemple.

Quoi qu'il en soit, la patience intelligente et l'adresse merveilleuse de Froment, j'allais dire sa réputation de mécanicien, datent de son extrême jeunesse. Ses anciens camarades de Sainte-Barbe et du collége Louis-le-Grand se souviennent avec admiration des horloges qu'il construisait avec du carton et des morceaux de bois, sans autre outil que son couteau ou son canif. Entre ses mains, ces matériaux sans valeur se façonnaient en rouages d'une incroyable perfection, et quand toutes les pièces étaient ajustées, chacun pouvait vérifier l'exactitude vraiment surprenante des indications de ces ingénieux joujoux.

La description de la première horloge de Froment serait incomplète si j'omettais de dire que le moteur était un formidable dictionnaire grec, agissant de tout son poids sur le rouage, et que la régularité de sa marche était assurée, à l'immense satisfaction d'un jeune et malicieux public, par la cadence d'un *Gradus ad Parnassum* oscillant au bas d'une règle.

Lorsque les œuvres de Froment, devenues des chefs-d'œuvre, furent classées au premier rang, aussi bien pour le fini du travail que pour le mérite de l'exécution, l'excellent artiste montrait avec une sorte d'émotion qui n'était pas sans orgueil un de ces modestes mécanismes en bois et en carton qui donnait, en même temps que l'heure, le jour de la semaine, le quantième du mois et l'âge de la lune.

En 1833, Froment, encore collégien, ayant vu la machine de Pixii, composée d'un aimant en fer à cheval qui tourne vis-à-vis d'un électro-aimant, conçut l'idée de son premier électro-moteur, qu'il construisit aussitôt les vacances arrivées. Il avait alors dix-huit ans, et il ignorait certainement que Jacobi venait d'imaginer une machine analogue. Il débutait, on le voit, par un coup de maître.

Exécuté d'abord avec les moyens les plus rudimentaires, l'électro-moteur dont Froment devait s'occuper toute sa vie reçut de ses mains, dès cette époque, plusieurs modifications importantes, et, en se présentant en 1835 à l'École polytechnique, le jeune inventeur soumettait les dessins de sa machine à son savant examinateur, M. Liouville, qui sut tout aussitôt en apprécier le mérite.

Je ne pourrai pas toujours adopter l'ordre chronologique dans l'exposé rapide des travaux de notre confrère, mais il m'a paru intéressant de le suivre dans ses premiers essais et de tâcher de deviner ce qui se passait dans cet esprit curieux et réfléchi à la fois, dont je voudrais essayer de faire ressortir la vive et puissante originalité.

Les études scientifiques de Froment avaient été fortes, à en juger par les nombreux ouvrages de mathématiques qui figurent dans sa bibliothèque, et qui sont autant de prix obtenus au collége. Mais là comme à l'École polytechnique, comme plus tard dans son atelier, les mathématiques n'étaient pour lui qu'un instrument de plus, nstrument dont il connaissait la haute valeur, et auquel il devait une grande partie de sa supériorité sur les autres artistes, mais dont l'abstraction ordinaire était peu compatible, en définitive, avec une imagination sans cesse attirée vers les applications immédiates. Aussi, parmi les cours de l'École polytechnique, s'attacha-t-il surtout à ceux qui, comme la physique, la chimie, la mécanique, offraient un aliment à sa curiosité et le mettaient à même d'exercer son incomparable adresse. Il négligea donc un peu l'analyse pure et, son extrême timidité aidant, il ne passa que d'assez médiocres examens de sortie. Mais il était bien loin pour cela d'avoir perdu son temps, et je puis donner deux preuves plus que suffisantes de l'activité de son esprit inventif, fécondée par les leçons de ses professeurs.

Un modèle très-bien gravé de la machine à vapeur de Watt figurait au nombre des dessins remis aux élèves de l'École. Après en avoir entendu la description donnée par Savary, Froment ne se contenta pas, comme tous les autres, de chercher à se rendre compte du jeu des différents organes, en se reportant de la légende explicative au dessin ; il voulut *voir marcher* la machine, et pour cela, il se mit à découper le modèle en une foule de morceaux, complétant ceux qui se trouvaient tronqués par les superpositions, et ajustant le tout au moyen de broches et de brides en fil de fer. Il lui suffit ensuite d'adapter une petite manivelle à l'arbre, et les pistons, les bielles et les tiroirs de manœuvrer, comme si la vapeur eût réellement circulé dans les cylindres.

Cet essai a été depuis imité pour beaucoup d'autres machines, et bien des personnes ont touché et fait fonctionner ces modèles instructifs, sans se douter que l'idée qui a présidé à leur construction appartenait à un écolier.

La seconde preuve que j'ai à fournir est beaucoup plus extraordinaire, mais le fait est incontestable, et je ne dois pas le passer sous silence. Froment a touché à la découverte de la photographie.

Quand une grande invention comme celle dont je parle est entrée dans le domaine public, il est assez ordinaire d'entendre dire qu'elle était déjà connue, qu'elle avait été faite à une époque bien antérieure, etc. N'a-t-on pas prétendu que le procédé de Daguerre avait été retrouvé dans les manuscrits des moines du mont Athos, et Fénelon ne parle-t-il pas quelque part, sans y croire à la vérité, dans ses charmantes fables, de portraits obtenus en faisant regarder les personnages dans de certains miroirs?

D'autres, adoptant l'opinion diamétralement opposée, croient volontiers que l'inventeur a tout fait, tout découvert, comme si ce n'était pas assez d'avoir su lever les difficultés jugées jusqu'alors insurmontables.

En ce qui concerne la photographie (et en dépit des assertions contraires d'un physicien illustre, sir David Brewster), Niepce et Daguerre ont eu incontestablement cette gloire; mais le problème était posé et ne pouvait manquer d'être bientôt résolu. Froment était un de ceux qui s'en occupaient le plus activement, et une fois mis sur la voie, avec sa persévérance et son ingéniosité ordinaires, personne ne doutera qu'il ne fût capable d'arriver l'un des premiers. Voici d'ailleurs des faits qui sont authentiques.

Quelque temps après sa sortie de l'École polytechnique, notre confrère était allé en Angleterre dans le but d'y étudier la grande mécanique industrielle. Pendant ses loisirs, et principalement les dimanches, si difficiles à passer chez nos voisins, il répétait quelques expériences de physique et de chimie, construisait des microscopes ordinaires et des microscopes solaires, et de même qu'il avait voulu faire mouvoir des dessins de machines, il avait le plus vif désir de conserver, de fixer les images fugitives projetées sur son écran.

Les propriétés des sels d'argent qu'il avait entendu exposer par M. Dumas l'avaient beaucoup frappé ; il avait reproduit ces impressions de dentelles, de feuilles délicates, d'ailes d'insectes appliquées sur du papier recouvert de chlorure d'argent que l'on employait pour manifester l'action rapide de la lumière sur cette substance. Il les avait même *fixées*; mais de là à obtenir les images aériennes de la chambre obscure, il y avait encore une grande distance. Froment n'essaya pas moins de la franchir, et, le 9 janvier 1839, il communiquait les résultats, encore imparfaits sans doute, mais déjà bien remarquables de ses recherches à ce sujet, à la Société philosophique de Manchester.

On sait que c'est seulement au mois d'octobre de la même année que le procédé de Daguerre fut rendu public. Froment était alors de retour à Paris; il assistait à la séance de l'Académie des sciences, où Arago décrivit ce procédé : sans attendre la fin des explications de l'illustre secrétaire perpétuel, il courait chez lui, rue du Bouloi, et tout haletant, malgré le jour qui faiblissait, il obtenait le soir même une épreuve. Il est donc bien probable, on pourrait dire certain, que notre confrère a été le premier à répéter l'expérience devenue depuis lors si populaire, bien que dans les premiers temps elle parut assez difficile à réaliser avec un plein succès.

A la vérité, avant de se rendre à la séance de l'Académie, Froment avait tout disposé. Sa chambre obscure et les ingrédients même dont il prévoyait avoir à se servir étaient préparés. Mais n'est-ce pas là précisément la meilleure preuve que le sagace opérateur était lui-même à la veille d'atteindre le but ?

Si je ne craignais pas de donner à cette notice le caractère anecdotique, alors qu'il me reste à parler de tant de choses importantes, je montrerais Froment au foyer de la famille anglaise chez laquelle il vivait à Manchester, employant ses soirées à fabriquer pour les enfants de ses hôtes, avec des débris de tôle et de cuivre, de délicieuses petites locomotives qui couraient sur des rails de fil de fer fixés au plancher, en imitant toutes les allures de ces grandes machines sorties des ateliers dont Froment suivait les travaux, et qui faisaient chaque jour le trajet de Birmingham. J'aurais bien d'autres traits analogues à ajouter à celui-là, mais je dois renoncer au plaisir de les rapporter, pour revenir au côté sérieux de la carrière de notre confrère.

Le projet de Froment avait été de fonder, à son retour en France, un atelier de construction pour les machines à vapeur. Les difficultés matérielles qu'il rencontra dans cette voie, à une époque où les sociétés industrielles étaient beaucoup plus rares qu'aujourd'hui, le rendirent, heureusement pour la science, à la mécanique délicate des instruments de précision.

Il entra en 1840 dans l'atelier de Gambey, avec l'intention de s'adonner à la construction des instruments d'astronomie et de géodésie.

Là, il apprit à manier les outils et tous les secrets de l'art d'ajuster des pièces dont les mouvements approchent autant que possible de la rigueur géométrique. Quelqu'un, je crois, l'a déjà dit avant moi, l'école était excellente et l'élève était digne du maître ; cependant, en quittant Gambey, Froment ne songea pas sérieusement à marcher sur ses traces, et l'établissement qu'il créa ne tarda pas à prendre un caractère tout spécial. Les voies frayées n'étaient pas celles qui convenaient à cette nature prime-sautière.

Je ne sais si je me trompe, mais il me semble que les premiers pas de Froment dans la carrière de l'invention montrent clairement la tendance de son esprit. La vapeur, l'électricité, la photographie, toutes ces grandes nouveautés le captivent ; il sent que ces agents puissants ou d'une exquise sensibilité n'attendent que d'être habilement guidés pour obéir admirablement et rendre d'immenses services à l'homme. La vapeur, j'ai dit pourquoi Froment avait dû renoncer à s'en occuper ; la photographie, tout le monde s'y mettait, et d'ailleurs le plus fort était fait. Restait l'électricité, et c'est vers ses applications que notre confrère a plus particulièrement tourné ses efforts. Sa rare sagacité, sa patience à toute épreuve, semblaient l'avoir prédestiné à l'éducation de cet agent subtil et encore imparfaitement dompté, dont il a en effet contribué plus que personne à faire un serviteur docile, on pourrait presque dire intelligent.

En 1843, c'est-à-dire à son début comme constructeur, Froment fit un des premiers télégraphes
à cadran que l'on ait vus en France. Bientôt après,
il exécuta un moteur électrique beaucoup plus par-
fait que celui qu'il avait ébauché dix ans aupara-
vant, et il l'utilisa aussitôt à la fabrication régulière
des fils métalliques entourés de soie ou de coton
employés à la construction des bobines d'électro-
aimants et aux autres usages de la télégraphie
électrique.

Un peu plus tard, en 1843, il conçut et exécuta
un télégraphe à signaux conventionnels analogue
sous certains rapports au télégraphe américain de
Morse. Le manipulateur était un disque auquel on
faisait parcourir des arcs plus ou moins étendus, et
le récepteur était une bande de papier qui se dérou-
lait uniformément. Les signaux étaient formés de
zigzags dont le nombre désignait la lettre corres-
pondante de l'alphabet et qui étaient tracés par un
crayon dont le mouvement alternatif était produit
par un électro-aimant. La pointe de ce crayon était

sans cesse ravivée à l'aide d'un artifice des plus
ingénieux et continuait à tracer sans interruption
avec la même netteté. Le télégraphe à clavier, dont
le brevet a été cédé vers 1854 par Froment à un de
ses confrères, remonte à la même époque, ainsi que
le télégraphe à cadran de grandes dimensions
dont on se sert dans les cours publics pour faire
comprendre le principe général de la télégraphie
électrique à un nombreux auditoire.

Un autre appareil de démonstration de la trans-
mission télégraphique dont Froment aimait à faire
les honneurs quand on visitait son cabinet se com-
posait d'un carillon dont les timbres étaient assez
nombreux pour permettre d'exécuter des morceaux
de musique faciles.

Dès les premiers temps où l'habile constructeur
s'était vu en possession de ces moyens si commodes
de communication, il en avait fait usage pour éta-
blir entre la maison qu'il habitait et celle de son
père, qui en était peu éloignée, des fils qui lui servaient d'une part à correspondre avec sa famille à

l'aide d'un télégraphe, et de l'autre à faire marcher des horloges mises en relation avec son régulateur. Je remarque, à cette occasion, que, si les horloges électriques qui fonctionnent actuellement dans un grand nombre de villes, en France et à l'étranger, ne sont pas installées, et ne l'ont pas été tout d'abord à Paris, cela n'a pas dépendu de Froment, qui, depuis la date que je viens de citer, avait proposé à l'administration de se charger de cette entreprise.

Tout le monde a entendu dans les gares des chemins de fer les sonneries électriques qui fournissent aux employés des avertissements concernant la marche des trains, et qui sont de la plus grande importance pour la sécurité des voyageurs. Ces sonneries *trembleuses,* comme on les nomme, sont une application immédiate de l'interrupteur électrique à vibrations sonores décrit en 1846 par Arago devant l'Académie des sciences, et qui est une des plus utiles inventions de Froment.

Les autres applications de ce même appareil sont

nombreuses; mais elles peuvent être caractérisées d'un seul mot, en comparant l'interrupteur à une *sonde* qui permet de constater par l'ouïe la présence de courants dont nos autres sens seraient impuissants à reconnaître l'existence.

Arago, voulant mettre à profit l'habileté de Froment à manier l'électricité, l'avait chargé de résoudre un problème qui intéresse beaucoup les astronomes. On sait que, pour voir, pendant la nuit, les fils placés au foyer d'une lunette astronomique, il faut éclairer l'intérieur, le champ de cette lunette sur lequel les fils se détachent par vision négative. Or, cet éclairage du champ présente des inconvénients sérieux, notamment dans l'observation des astres peu lumineux, comme les comètes, les nébuleuses, les très-petites étoiles qui pâlissent et disparaissent même sur le fond le moins éclairé.

Il serait bien préférable que les fils eux-mêmes devinssent lumineux et que le champ restât obscur. C'est ce que l'on parvient à réaliser en employant des fils de platine qui deviennent incandescents par le passage d'un courant voltaïque.

Froment exécuta pour l'une des lunettes équatoriales de l'Observatoire un réticule qui répondait parfaitement au but proposé. Le fil équatorial et le fil mobile que l'on amène, le premier sur l'étoile de comparaison, et le second sur le point de l'astre dont on veut déterminer la position dans le ciel, pouvaient être éclairés indépendamment l'un de l'autre. L'observateur n'avait pour cela qu'à toucher des boutons d'ivoire placés auprès de l'oculaire de la lunette, et la pression exercée sur ces boutons réglait l'intensité lumineuse des fils. Ceux-ci se dilataient sous l'influence de l'élévation de la température, mais ils n'en restaient pas moins parfaitement rectilignes, grâce à des ressorts d'une ténuité extrême sous l'action desquels ils étaient constamment tendus. J'ignore pourquoi l'usage de ce précieux petit appareil n'a pas été conservé, comme il me semble qu'il eût mérité de l'être *.

* J'ai su, depuis que ceci est écrit, par M. Wolf, astronome

En citant tout d'abord les travaux et les recherches qui appartiennent en propre à Froment dans
cette branche de la physique qu'il cultivait avec
prédilection, je me suis abstenu de décrire les
modèles variés de moteurs électriques et les machines en miniature qu'ils servaient à faire marcher.

Il faut voir toutes ces merveilles dans le cabinet
même où leur auteur les avait réunies, comme dans
un musée consacré aux applications de l'électricité
dynamique, et où elles sont religieusement conser-
vées.

Je dois maintenant rappeler que l'active collabo-
ration de Froment a beaucoup contribué à la mise
au jour de plusieurs inventions remarquables qui
ont encore pour principe l'électricité.

Tels sont : le métier Bonelli, employé à tisser les
étoffes de soie à deux ou plusieurs couleurs ; — le
télégraphe Caselli, au moyen duquel on transmet

de l'Observatoire de Paris, que Brunner, cet autre grand artiste si regrettable, était parvenu à éclairer des fils d'araignée,
qui deviennent alors préférables aux fils de platine.

l'écriture originale, et même toute espèce de signes ou de dessins exécutés à l'encre ordinaire sur le premier papier métallique venu, fût-ce la feuille d'étain qui enveloppe une tablette de chocolat; — le télégraphe imprimant de M. Hughes, dont l'usage tend à devenir général; — la machine dite *électrotrieuse*, destinée à séparer le minerai de fer des corps étrangers qui l'accompagnent, et dont l'idée première, si mes informations sont exactes, appartiendrait à M. Chesnau; — le pendule électromobile, construit d'après le principe de M. Foucault; — des essais de lumière électrique faits en commun avec ce savant physicien; — un chronographe au moyen duquel MM. Schultz et Lissajous ont mesuré la vitesse d'un projectile dans l'âme de la pièce et sur toute l'étendue de sa trajectoire.

Je pourrais encore citer plusieurs instruments de physique amusante que Froment n'avait pas dédaigné de construire pour Robert Houdin et pour son émule Robin, chez lequel on peut voir une table

savante qui laisse bien loin derrière elle les tables
parlantes les mieux inspirées.

L'atelier de M. Froment renferme encore une
foule de pièces commencées, d'inventions mises à
l'étude pour le compte de savants français ou étrangers, de riches particuliers (les agents de change,
par exemple, lui avaient demandé une sorte de
compteur destiné à faire apparaître instantanément
des nombres utiles à leurs opérations à la Bourse);
enfin pour le compte de l'Empereur lui-même, qui
est retourné plusieurs fois visiter l'établissement du
laborieux artiste, parvenu, un peu à son insu et en
dépit de son extrême modestie, à une célébrité
d'ailleurs si bien méritée.

Cette célébrité, il la devait sans doute principalement à la part considérable qu'il avait prise au
développement d'une branche d'industrie entière-
ment due aux admirables progrès de la physique,
mais elle était fondée en outre, et non moins juste-
ment, sur son aptitude pour les arts de précision en
général.

Il est peu de personnes qui n'aient entendu parler, par exemple, des dessins et des écritures microscopiques exécutés par notre confrère. Je n'en crois pas moins devoir indiquer ici quelques nombres qui pourront étonner les micrographes eux-mêmes. Ainsi, Froment était parvenu, et je crois qu'il est le seul, à diviser un dixième de millimètre en cent parties égales parfaitement nettes et distinctes sous un fort grossissement.

En 1851, lors de la première exposition universelle, il avait offert à la reine Victoria une petite plaque de verre recouverte d'une feuille de métal laissant seulement une ouverture d'un millimètre de diamètre, à travers laquelle on voyait, sous le microscope, les armes d'Angleterre avec leurs devises et une dédicace en anglais de l'auteur à la Reine.

Par quels moyens Froment opérait-il ces miracles? Quelle pointe de diamant pouvait être assez fine pour les buriner sur le verre? Ses amis connaissaient bien sa charmante petite machine à tracer les micromètres, conduite par un moteur électrique, et qui tenait si peu de place sur sa table de travail. Mais personne, que je sache, n'avait vu sa machine à écrire ni celle qui lui servait à tailler les pointes de diamant. C'est que notre excellent artiste, ordinairement très-expansif, avait aussi ses accès de discrétion, et n'aimait à montrer que des choses achevées. Or les deux machines dont je parle étaient toujours à l'étude, bien qu'elles pussent fonctionner. Le gendre de Froment, M. le capitaine Dumoulin, les a heureusement retrouvées, et telles qu'elles sont, il pourrait les employer; mais il regarde comme un devoir de les exécuter définitivement et avec tout le soin que son beau-père y eût apporté lui-même (car en ce moment ce sont de simples modèles en bois et en fil de laiton). Maintenant, on me croira sans peine quand je dirai que Froment avait de précieuses machines à diviser la ligne droite et le cercle, et qu'il a livré au commerce, tant en France qu'à l'étranger, non-seulement des étalons irréprochables, mais même des instruments pour copier le mètre, des comparateurs, etc. C'est ainsi que les gouvernements qui ont adopté le système métrique·décimal ou qui se proposent de l'adopter lui ont fait successivement d'importantes commandes de poids et de mesures types qu'il a exécutés avec les soins les plus minutieux.

En parlant des machines à diviser de Froment, j'aurais dû dire qu'il y avait appliqué depuis long-temps le principe des ordonnées rectificatives, et introduit plusieurs autres perfectionnements de détail que je ne saurais exposer ici.

Je ne pourrais pas davantage entreprendre la description de son atelier, ou pour mieux dire de son usine, dont l'outillage entier a été conçu et construit par lui ou sur ses dessins. Une parole plus autorisée que la mienne en ces matières doit bientôt faire connaître complétement l'établissement industriel de Froment et apprécier son rôle dans l'histoire des arts de précision, de ces arts auxquels les sciences d'observation doivent elles-mêmes une si grande part de leurs progrès.

Je ne saurais toutefois à ce propos me dispenser de rappeler le concours si précieux que Froment a prêté aux deux éminents physiciens, MM. Fizeau et Foucault, qui n'ont pas reculé devant l'idée de mesurer la vitesse de la lumière sur une base terrestre, et le dernier même sur une base de quelques mètres. Pour accomplir ce prodige, M. Foucault avait besoin d'animer un petit miroir d'une vitesse de rotation de mille tours par seconde! Froment conçut et exécuta à cet effet une turbine à air d'une délicatesse et d'une perfection inouïes.

C'est encore par lui que M. Foucault a pu faire réaliser ses instruments gyroscopiques, si difficiles à mettre en expérience, et qui pour fonctionner exigent une précision vraiment mathématique.

Je m'arrête, messieurs, non que j'aie tout dit sur l'homme rare que nous avons perdu, mais parce que je ne saurais suffire à cette tâche. Permettez-moi seulement d'ajouter que le prodigieux talent auquel Froment devait sa réputation était le fruit d'un travail incessant qui n'a pas peu contribué à abréger son existence. Après les longues journées passées à conduire son atelier, et aux mille autres soins que réclame la direction d'un grand établissement industriel, notre confrère s'enfermait dans son cabinet et commençait, disait-il, à travailler. Sa porte était alors rigoureusement interdite ; il ne voulait se laisser distraire par aucune visite, par aucune affaire, et là, l'esprit tendu, sans songer à la fatigue, il lui est arrivé bien souvent de prolonger ses veillées jusqu'à l'aube. Ce régime excessif de travail, joint à une constitution naturellement délicate, de nombreux soucis (car les hommes d'étude n'en sont pas plus exempts que les autres) ont épuisé les forces de Froment, qui est mort en février dernier, dans la maturité de l'âge et dans toute la vigueur de son génie.

J'ai eu le bonheur de jouir de l'intimité de cet excellent homme, et c'est un devoir bien doux pour moi de rendre à sa mémoire ce témoignage que jamais je ne lui ai entendu exprimer pour les autres que des sentiments de bienveillance. Absolument étranger aux mauvaises passions qui déparent quelquefois les plus beaux talents, il avait au plus haut degré le sentiment et l'amour du bien.

Oublieux de lui-même, il était toujours prêt à rendre service non-seulement à ses amis, mais à tous ceux qui, au nom de la science, faisaient appel à ses lumières et à son expérience consommée.

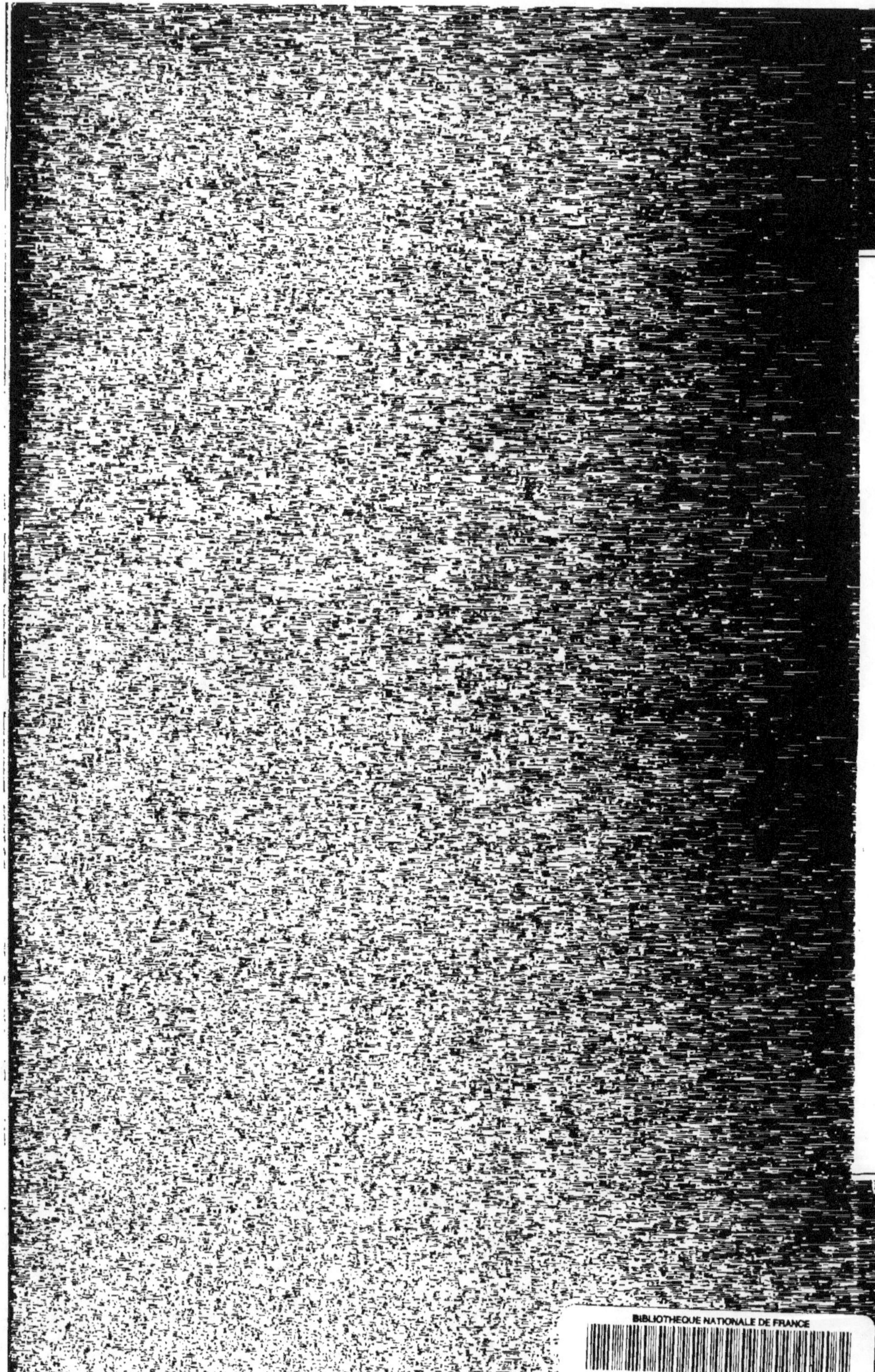